A MESSIEURS

LES TRÈS-HONORABLES MEMBRES

DE LA CHAMBRE DES DÉPUTÉS.

A MESSIEURS

LES TRÈS-HONORABLES MEMBRES

DE LA CHAMBRE DES DÉPUTÉS,

TRÈS-HUMBLE

PÉTITION

Du Comte de Pfaffenhoffen,

CRÉANCIER DU ROI,

PRÉSENTANT AVEC RESPECT, DANS SES PIÈCES A L'APPUI,

UN FAC SIMILE

DE LA MAIN DU ROI.

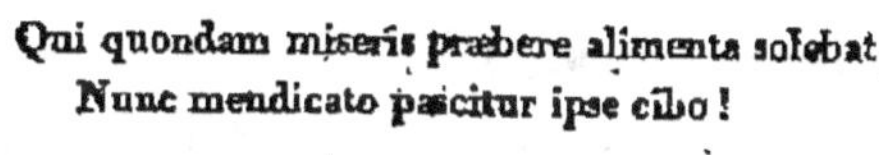

Qui quondam miseris præbere alimenta solebat,
Nunc mendicato pascitur ipse cibo !

PARIS,

DE L'IMPRIMERIE ANTHELME BOUCHER,

RUE DES BONS-ENFANS, N°. 34.

Paris, 20 Novembre 1826.

A MESSIEURS

LES TRÈS HONORABLES MEMBRES

DE LA CHAMBRE DES DÉPUTÉS.

Mᴇssɪᴇᴜʀs,

Créancier, et créancier reconnu de LL. MM. Louis XVIII et Charles X ;

D'abord, par décision du feu Roi, du 13 mars 1819, et par les à-comptes qu'il m'a fait payer ;

Une seconde fois, par la Commission établie par le Roi régnant, pour la révision des dettes communes des deux augustes frères ;

Une troisième fois, par M. le Ministre des finances, au mois de juin dernier ;

Une quatrième fois, par arrêté de M. le Préfet de la Seine, du 10 octobre dernier.

C'est en cette qualité de créancier reconnu de LL. MM., qu'après avoir reçu trois à-comptes, qui devaient se renouveler annuellement, « à titre » de paiement, et pour avances sur les obligations » que j'ai contractées pour le service des Princes en » 1792 », selon les termes réglés par le feu Roi, et qui sont interrompus depuis sa mort! c'est, dis-je, en cette qualité de créancier reconnu de LL. MM., que j'ai reçu de M. le Ministre de la maison du Roi, la lettre suivante, datée du 17 janvier 1825, en réponse à une lettre où je lui avais demandé, s'il désapprouverait une pétition à la Chambre.

« Je viens de recevoir, M. le Comte, la lettre que
» vous avez pris la peine de m'écrire hier, et je
» vous dois quelques explications sur ce qu'elle
» renferme. Dans toutes celles dont il est question,
» on a pris ma bonne volonté pour des promesses.
» J'en renouvelle l'assurance en ce moment, de
» cette bonne volonté très-réelle et très-peu puis-
» sante; mais je renouvelle en même temps l'assu-
» rance que j'ai pour cela bien peu de moyens, *et*
» *que le Roi malheureusement n'en a pas davan-*
» *tage.* Je n'ai aucune raison de m'opposer à ce
» qu'on croirait devoir faire pour assurer le succès
» de demandes qui jusqu'à présent n'ont pu être
» écoutées. IL EST DANS LE CŒUR DU ROI DE LES
» ACCUEILLIR, *comme dans le mien de les seconder.*
» Mais il y a malheureusement eu jusqu'à présent
» des obstacles qui n'ont pu être surmontés. Je dé-
» sire vivement qu'ils puissent l'être maintenant
» ou par la suite, etc., etc.

» Le Duc DE DOUDEAUVILLE. »

C'est donc, Messieurs, avec une sorte de per-mission, d'invitation même, non seulement du

Ministre du Roi, mais de Sa Majesté Elle-même, que je viens, créancier reconnu du Roi, prier les très-honorables représentans de la France, de prendre en considération l'état de dettes où leurs augustes Monarques se trouvent encore, aux yeux de toute l'Europe, après douze ans de restauration, envers les étrangers généreux qui les ont accueillis avec empressement, dans leurs jours d'infortune; qui leur ont prodigué les plus urgens secours, et qui les ont conservés, sous leurs toits hospitaliers, jusqu'aux jours, marqués par la Providence, où elle les a rendus aux vœux de leurs fidèles sujets, et les a rétablis sur le trône de leurs pères!

Les termes de la lettre de M. le Ministre de Sa Majesté Charles X sont précis: « Le Roi malheu-
» reusement a peu de moyens pour satisfaire aux
» demandes de ses créanciers; il est dans son cœur
» royal d'accueillir tout ce qu'ils croiront pou-
» voir faire pour assurer le succès de leurs de-
» mandes, etc. »

Ces moyens, dont le Roi est dépourvu; ces succès qu'appellent de tous leurs vœux le Ministre du Roi et le Roi lui-même, quels sont-ils? Vingt lettres du même Ministre de Sa Majesté et de son prédécesseur, que j'aurai occasion de rapporter plus bas, nous les ont expliqués, nous les ont fait espérer, comme ils les espéraient eux-mêmes; comme M. le Ministre des finances les leur faisait espérer, les leur promettait, me les a promis à moi-même, et m'a formellement autorisé à les annoncer de sa part, aux autres créanciers du Roi; ce sont, Messieurs, des fonds supplémentaires aux trente millions votés par acclamations en 1814, qui, à dix ou douze millions près, n'ont pas suffi à l'entier acquit des dettes de LL. MM. à l'étranger.

Vous verrez plus bas, Messieurs, combien de fois et dans quels termes, M. le Maréchal Marquis de Lauriston et M. le Duc de Doudeauville m'ont référé à ces fonds supplémentaires; vous verrez M. le Comte de Villèle m'y référer lui-même; vous le verrez, comme je viens de vous le dire, m'autoriser à annoncer de sa part, aux autres créanciers du Roi, la proposition de loi qu'il devait incessamment vous en faire.

Et quand, après tant de promesses, Son Excellence s'est tu, qu'elle se tait, et paraît vouloir continuer à se taire; que l'honneur du Monarque auguste, à qui je me suis consacré depuis trente-six ans, reste compromis; que mes détresses sont tellement à leur comble, qu'au moment où j'atteins la soixante-quatorzième année de mon âge, riche, il y a huit ans, de plus de soixante mille fr. de rentes, qui ne devaient rien à personne, la seule ferme patrimoniale qui me reste, unique ressource de ma famille et de ma vieillesse, va être vendue, pour payer les dettes que j'ai contractées, après qu'un jugement exécutoire, du 19 juin 1818, m'a réduit à vendre mes rentes, pour payer une des dettes les

(9).

plus saintes de LL. MM., reconnue par M. le
Comte de Villèle, *à nulle autre pareille !* Que puis-
je faire autre chose, pour obtenir mon remboursement, sinon recourir aux démarches que le Ministre du Roi m'a *promis de seconder*, et qu'il m'a
assuré *qu'il est dans le cœur du Roi d'accueillir ?*
Sinon, vous prier, vous supplier, Messieurs, de
venir au secours du Roi et de ses malheureux
créanciers, par ce même élan de patriotisme et de
royalisme que la Chambre de 1814 à mis, sur la
proposition de l'un de ses honorables membres, à
voter, aux termes et dans les formes réglés par
l'art. 19 de la Charte, des fonds supplémentaires
suffisans pour l'acquit du reste des dettes saintes et
sacrées de l'hospitalité.

Mais avant d'arriver à ces conclusions, il ne me
suffit pas, Messieurs, de vous avoir dit que je suis
créancier du Roi, je dois vous l'établir, vous le
prouver ; et pour arriver à cette preuve, j'ai besoin
de vous faire connaître ce que j'ai fait et éprouvé
pour vos augustes Princes, pendant l'émigration ; ce
que j'ai fait et que j'éprouve pour vos Rois, depuis
la restauration et par la restauration même.

PENDANT L'ÉMIGRATION.

Tréfoncier, membre de l'ordre primaire du pays
de Liége, Envoyé extraordinaire du Prince auprès
du Roi de France, en 1789, j'avais vu les commen-

cemens de la révolution, et je l'avais prise en horreur.

Déjà en 1791, j'avais établi, *à mes frais*, des échelles de guides, sur toute la frontière de France et de Liége, pour y faciliter et protéger l'émigration.

En 1792, quand LL. AA. RR. eurent employé de vains efforts pour procurer, dans les Pays-Bas, des quartiers à leur fidèle noblesse, qui fut obligée d'en partir, et qui se trouvait sans asile, c'est à moi que les Princes daignèrent avoir recours; je n'ai pas manqué à cet honorable appel. *Seul*, j'ai triomphé des obstacles devant lesquels LL. AA. RR. avaient échoué; *seul*, malgré les Puissances environnantes et le gouvernement de mon propre pays, j'y ai procuré aux nobles émigrés des établissemens, où leurs compagnies se sont formées, sous le nom d'armée de Bourbon!

De nombreuses avances ont eu lieu de ma part à cette occasion, tant aux individus qu'aux compagnies et au corps de l'armée, quelquefois sur la demande expresse de S. A. S.; je ne me suis refusé à aucune, ni en argent ni en crédit, auprès des divers et nombreux fournisseurs : *aucune ne m'a été remboursée !*

Pendant la marche de l'armée pour se réunir à celles des Princes, sous Thionville, une circonstance fâcheuse, sur laquelle je garderai la plus respectueuse discrétion, a mis une partie notable du matériel et l'honneur personnel des Princes en danger. Un grand scandale allait s'ouvrir, était ouvert ; je me suis hâté de l'étouffer, en me rendant caution solidaire de mes augustes commettans. Les équipages de l'armée ont été délivrés de la main de justice, sous laquelle ils étaient tombés : l'honneur personnel de LL. AA. RR. a été sauvé !

Dans la déplorable retraite, c'est par moi que le corps entier de la Marine, commandé par M. le Comte d'Hector , a trouvé un asile à Malmédy. C'est chez moi que l'état-major de l'armée des Princes et son respectable chef ont trouvé un refuge.... jusqu'au moment où il a fallu fuir!.... et je n'ai fui qu'après avoir pourvu, *à mes frais*, à la fuite, par centaine, des malheureux émigrés !

Ainsi, chassé de chez moi par les armées républicaines, je n'ai pas fui uniquement pour me mettre à l'abri de leurs fureurs, mais avec le projet dont je m'étais ouvert au maréchal de Broglie, à l'évêque d'Arras, et au comte d'Escars, de sauver les augustes prisonniers du Temple, par des moyens auxquels l'Électeur Charles-Théodore de Bavière se serait prêté. Monseigneur, Prince de Condé, et Monseigneur, Duc de Bourbon, sont entrés dans mon plan avec des transports dignes de leurs grandes âmes. L'Électeur de Trèves, retiré à Augsbourg, y est entré de même ; et l'Électeur Bavaro-Palatin , par une sorte de lettre de créance, s'est empressé de donner à mon frère les moyens d'entrer en

France, d'arriver à Paris, et de s'y concerter avec des amis, fidèles sujets du Roi, dévoués à tout sacrifier pour le sauver. J'ai employé plus de cinquante mille francs à cette tentative, hélas! trop infructueuse. Les événemens les plus horribles se sont précipités : le comble des forfaits a été consommé!

Tandis que ces lamentables catastrophes souillaient à jamais la France et épouvantaient le monde, la régence de Monsieur était méconnue. Je me suis permis de faire proposer au conseil des Princes un acte de régence qui l'aurait fait reconnaître par les Puissances, malgré elles. L'archevêché de Besançon était vacant : c'était le seul en France qui, ayant des suffragans chez l'étranger, eût conservé son immatricule, avec voix et séance à la diète germanique. Je proposai donc à Monsieur, régent, d'y nommer. Ma proposition fut goûtée; mais on jugea qu'il fallait préalablement s'assurer de l'acceptation du Pape, et je fus chargé d'aller la conquérir. Je remplis, *à mes frais*, cette mission délicate. J'obtins de Pie VI qu'il accepterait la nomination du Régent. Elle n'eut cependant pas lieu, parce que, m'a-t-on dit, on ne voulait pas déplaire à une grande Puissance, qu'on avait intérêt de ne pas heurter.

A mon retour de Rome, en 1793, les malheureux émigrés sont rentrés avec moi dans mon hôtel pillé et dévasté. Il n'était plus question de les

former en compagnies, mais de les aider à vivre, à
supporter leurs misères. J'ai recueilli tout ce qui s'est
présenté : des Choiseul, des Clermont, des Ségur,
des la Tour-d'Auvergne et de Lauraguais, etc.,
ont été mes hôtes ; j'ai payé les dettes de plusieurs ;
mes maisons de ville et de campagne ont été constamment ouvertes à l'infortune ; et jusqu'à la dernière invasion des républicains, en 1794, hommes,
femmes, enfans, ont trouvé chez moi un asile,
sans que je comptasse leur nombre , sans que je
comptasse mes moyens !

Pendant cet espace de dix-huit mois, le service
des Princes, sur leurs invitations expresses, m'a
vingt fois appelé, *toujours à mes frais*, à Bruxelles,
en Hollande, à Ham, partout où LL. AA. RR.
ont cru pouvoir exercer « le zèle qui me portait à tout
» faire pour leur cause, et pour le plus grand
» bien du service du Roi. » (*Lettre autographe
de S. M.*)

Émigré moi-même, et pour la dernière fois en
1794, au moment même où j'étais canoniquement
postulé à la coadjutorie de la principauté de Stavelot et Malmédy, je ne suis allé contracter, à La
Haye, avec le Prince Stadhouder, la levée d'un
corps au service des États-Généraux, que pour y
placer des gentilhommes français, qui m'appelaient
leur père ; et, pendant environ trois mois, j'en ai
entretenu plus de deux cents, *à mes frais*, que le

Roi des Pays-Bas, malgré les engagemens du Prince son père, a refusé de me rembourser !

A cette même époque, vers la mi-janvier 1795, l'invasion de la Hollande m'a fait chercher un asile en Angleterre. J'y obtins une nouvelle capitulation où je me suis trouvé heureux de placer près de six cents gentilshommes français, tant comme officiers que comme cadets à double paie. Je les ai soutenus, *à mes frais*, jusqu'au mois de décembre, sans que jamais l'Angleterre m'en ait tenu aucun compte, dans les indemnités qu'elle m'a accordées, dix ans après, pour m'acquitter avec les fournisseurs seulement.

Réduit, pendant ces dix ans, au sort de tous les émigrés, j'ai pourtant encore pu être utile aux autres, partout où j'ai habité. A Wetzlaar, je leur ai procuré des secours de la Chambre impériale ; à Ratisbonne, ceux de la Diète germanique et de ses illustres et généreux chefs. En Angleterre, sous les yeux des augustes chefs de la France, j'ai obtenu des secours particuliers et supplémentaires pour plusieurs familles françaises, à qui les secours du Gouvernement ne suffisaient pas.

En 1797, toujours poussé, comme Monseigneur, Comte d'Artois m'a fait l'honneur de me l'écrire plusieurs fois de sa main, « par le zèle ardent qui » me portait à tout faire pour la cause générale de » l'Europe, » j'ai fait, *à mes frais*, risques et périls, un voyage en France, pour y sonder l'esprit du peuple et les dispositions du Directoire..... Le feu Roi et le Roi régnant m'ont fait l'honneur de m'en témoigner leur satisfaction. (Voyez le *fac simile.*)

En 1804, j'ai hasardé un second voyage en France : j'y ai été arrêté et détenu prisonnier, pendant quatre mois, *comme complice du Duc d'Enghien.*

En 1809, dans un autre voyage de Londres à Vienne, j'ai été poursuivi, chassé de Francfort, de Darmstadt et de toute la Bavière, *comme partisan et agent secret des Bourbons !*

En 1812, retournant une dernière fois d'Angleterre en Autriche, par la Suède et le Danemarck, les agens de la police du Corse à Hambourg, m'ont fait arrêter à Altona, *toujours comme partisan des Bourbons et leur agent secret.* J'ai été traîné, *à mes frais*, des prisons de Hambourg dans celles de Paris et de Vincennes ! Ce ne fut qu'après neuf mois de détention, que l'Empereur d'Autriche obtint enfin ma liberté ; mais des papiers importans, *concernant ma fortune*, ne m'ont point été remis. La preuve du vol qui m'a été fait, existe dans les cartons de la police ; j'en ai éprouvé une perte d'environ cent mille écus !

Mais je m'arrête, Messieurs, après avoir rapporté quelques actions de votre Pétitionnaire, que vos augustes Princes ont appelées bonnes et honorables , et qu'ils ont promis de reconnaître et de récompenser (*Voyez ci-dessous, n°.* IX); il me reste à vous en fournir les preuves ; en voici , prises à-peu-près au hasard dans mes cartons :

I.

Par lettres de créance datées de Coblentz, le 20 avril 1792, « LL. AA. RR. MONSIEUR et Monsei-
» gneur, Comte d'Artois, frères du Roi de France,
» autorisent M. le Tréfoncier, Comte de Pfaffen-
» hoffen, à employer ses bons offices et ses soins,
» auprès de M. le Prince de Liége, pour obtenir
» des quartiers, dans les terres de sa domination,
» pour les gentilhommes français émigrés, que
» les circonstances obligent de partir des Pays-
» Bas, etc.

» LOUIS-STANISLAS-XAVIER.
» CHARLES-PHILIPPE. »

II.

Par lettre, datée de Huy, le 1er. septembre 1792, Monseigneur, Duc de Bourbon, m'écrivait :

« La compagnie de Normandie, à cheval, se
» trouve surtout, dans ce moment-ci, dans une
» position très embarrassante. MM. d'Escrameville
» et Le Doulcet m'en ont fait part; un emprunt
» de 15,000 fr. pourrait les en tirer, à ce qu'ils
» m'ont assuré, et votre caution suffirait pour lever

» toutes les difficultés. Je n'en dirai pas davantage,
» parce que je sais que c'est un moyen de vous
» plaire, que de vous présenter une occasion de
» faire quelque chose d'utile et d'agréable à la no-
» blesse française. (*Voyez plus bas, n°. V.*) »

» L.-H.-J. DE BOURBON. »

III.

Par autre lettre, datée de Marche le 23 du même mois, le même Prince m'écrivait :

« Rien de plus aimable, Monsieur, et de plus
» digne de vous que les dépêches que vous m'avez
» envoyées ; je ne puis vous dire à quel point je
» suis sensible à la manière active et généreuse
» avec laquelle vous vous occupez de ce qui peut
» m'être utile. Cette affaire nous mettra parfaite-
» ment à l'aise pour le reste de la campagne, moi
» et ma colonie, etc. (*Voyez ibid.*) »

IV.

Par autre lettre, timbrée de Villingen, et datée du 1er. de l'an 1793, Messeigneurs, Prince de Condé et Duc de Bourbon, m'écrivaient :

« Le père et le fils, qui sont ensemble, ont reçu
» la lettre de Dunkelsbulh, du 17. La réponse de-
» mandée ne peut pas être équivoque. Oui, oui,
» sans doute, on veut sauver le Roi, et l'on don-

2

» nerait sa vie pour cela ; mais au milieu des revers
» qu'on éprouve de toutes parts, on doute que la
» personne qui écrit puisse indiquer un moyen
» praticable, autre que celui d'attendre les effets
» de la force qui se rassemble de tous côtés. Au
» reste , la personne peut faire connaître son pro-
» jet. On l'examinera : sûre de la réponse, elle
» aurait gagné du temps en l'expliquant dans sa
» lettre. Elle peut être certaine que le secret sera
» scrupuleusement gardé, sauf l'indiscrétion de la
» poste, qui peut ouvrir les lettres. On reconnaît à
» l'idée seule, le dévoucment et la pureté des prin-
» cipes de celui qui l'a produit : il peut compter
» sur l'estime , l'intérêt et la reconnaissance des
» personnes qui lui répondent. »

V.

Par la gazette de Liége , du 8 juillet 1793 , il
était annoncé que : « Quant à MM. les créanciers
» des gentilhommes français , émigrés , pour les-
» quels M. le Tréfoncier, Comte de Pfaffenhoffen,
» s'est rendu caution et répondant, dont les créances
» peuvent être échues, et que les débiteurs person-
» nels n'auraient pas acquittées, il s'empressera de
» les satisfaire à son retour, tant en principal qu'en
» intérêts. » (*Tous ont été satisfaits sans que j'aye
été remboursé par un seul des débiteurs !*)

V I.

Par lettre datée de Ham, le 9 septembre 1793, Monseigneur, Comte d'Artois, m'écrivait de sa main :

« J'ai médité avec attention, Monsieur, le
» compte que vous avez rendu au Régent et à moi
» de vos démarches en Hollande : j'en ai conféré
» avec mon frère; nous pensons l'un et l'autre que
» l'objet de vos propositions mérite d'être suivi.
» *Votre zèle pour la cause générale de l'Europe*
» *vous portant à tout faire pour en faciliter le*
» *succès*, le Régent désire que vous vous rendiez
» sans délai en Hollande, et que vous rapportiez le
» plus tôt possible, à Ham, une réponse claire
» et définitive, etc., etc.

» Charles-Philippe. »

V I I.

Par un rapport daté de Schwelm, le 6 novembre 1794, M. le Maréchal duc de Broglie disait à Monseigneur, Comte d'Artois :

« M. le Tréfoncier, Comte de Pfaffenhoffen, a
» toujours témoigné hautement, et dans toutes les
» occasions, le plus vif intérêt à la cause de LL.
» AA. RR., et à celle de tous les Français; il l'a ser-
» vie à Liége en 1792, autant qu'il a été en son
» pouvoir, en employant le crédit qu'il avait auprés
» du feu Prince-Évêque de Liége et de ses admi-

» nistrateurs, pour procurer des établissemens
» aux compagnies que l'on formait; il donne une
» nouvelle preuve de son attachement aux Fran-
» çais, en composant de gentilhommes et d'offi-
» ciers français, le corps qu'il va commander.
» Venir au secours de la noblesse française, c'est
» aller au-devant des désirs de Monseigneur, et le
» servir de la manière qui lui est la plus agréa-
» ble, etc., etc.

» *Le maréchal duc* DE BROGLIE. »

VIII.

Par lettre datée de Zippendaall, le 18 novembre 1794, Monseigneur, Comte d'Artois, m'é-
crivait :

« J'aurais été fort aise, Monsieur, de pouvoir
» vous donner, sur-le-champ, dans la personne de
» de M. votre frère, une preuve de *la satisfaction*
» *que je ressens pour tous les soins que vous vous*
» *donnez pour le plus grand bien du service du*
» *Roi, ainsi que pour l'adoucissement des maux*
» *que la noblesse française supporte avec tant de*
» *courage*, etc., etc.

» CHARLES-PHILIPPE. »

IX.

Par lettre datée du quartier-général de l'armée

anglaise à Brême, le 4 avril 1795, M. l'Évêque d'Arras m'écrivait :

.... « Je suis autorisé par Monseigneur, Comte
» d'Artois, à vous mander de sa part, Monsieur le
» Comte, que vous serez toujours environné de
» son intérêt et de ses bons offices, jusqu'à l'époque
» où il sera au pouvoir des augustes chefs de notre
» nation de *reconnaître et de récompenser les*
» *bonnes et honorables actions*, etc.

» † L'Évêque d'Arras. »

X.

Par lettre datée d'Edimbourg, le 31 juillet 1796,
S. A. R. Monseigneur, Duc d'Angoulême, m'écrivait de sa main :

« Personne ne rend plus de justice que moi au
» zèle qui vous anime pour le bien public, et ne
» désire plus sincèrement qu'il vous assure tous
» les succès que vous méritez, etc., etc.

» Louis-Antoine. »

XI.

Par lettre datée de Blankenbourg, le 12 avril
1797, S. A. R. Monseigneur, Duc de Berri, m'écrivait de sa main :

« J'ai reçu aujourd'hui, Monsieur, votre lettre
» et l'exposé de vos malheurs et de la justice que
» vous réclamez du gouvernement britannique ;
» je le lirai avec un grand intérêt : *votre conduite*

» *généreuse envers les émigrés augmentera encore*
» *ce sentiment, etc.*

» CHARLES-FERDINAND. »

XII.

Par lettre datée d'Édimbourg, le 11 juillet 1797, MONSIEUR m'écrivait de sa main (*voyez* le *fac-simile*) :

« J'ai reçu votre lettre , Monsieur , et j'y ai
» trouvé avec plaisir une nouvelle preuve du zèle
» que vous avez toujours marqué pour la cause
» que nous servons. Je crois que vous ferez bien
» d'adresser au Roi, mon frère, le résumé de tout
» ce que vous avez vu et appris pendant votre sé-
» jour en France.

» Ne doutez jamais, Monsieur, de tous mes
» sentimens pour vous.

» CHARLES-PHILIPPE. »

XIII.

Par lettre datée de Blankenbourg, le 18 juillet 1797 , M. le Comte d'Avaray m'écrivait :

« Le Roi me charge , Monsieur le Comte, de
» vous remercier des détails que vous lui avez
» adressés , et de vous témoigner la satisfaction
» que votre zèle lui inspire , et l'approbation que
» mérite la sagesse de vos vues, etc., etc.

» Le Comte D'AVARAY. »

Etc., etc., etc.

Edinburgh ce 11 Juillet 1793

J'ai reçu votre lettre Monsieur [...]
[...] trouvé une plaisir [...]
[...] que vous
[...] toujours marqué pour [...]
que vous [...]

[...] que vous [...] mis
[...] d'[...] en Roi mon
[...], le mépris de tout ce que
vous avés vu et souffert pendant
votre séjour en France
[...] jamais Monsieur
de tous mes sentiments pour
vous
[signature]

M. le Cte de [...] de [...]

DEPUIS LA RESTAURATION.

J'ai dit ci-dessus que l'armée de Bourbon, que j'avais créée dans le pays de Liége, et dont j'étais le patron, marchait, vers la mi-septembre 1792, pour se réunir à celles de LL. AA. RR. sous Thionville, quand un événement, qui compromettait les plus chers intérêts de mes augustes commettans, et qui privait l'armée de Bourbon d'une partie notable de son matériel, me mit dans la nécessité indispensable, pour l'honneur personnel des Princes, et pour leur éviter les plus grands dommages, de souscrire, tant en leur nom et en vertu de leurs pouvoirs, qu'en mon nom et en me rendant moi-même et mes biens, présens et à venir, leur caution solidaire, une obligation de 160,000 liv., *pour les causes y énoncées*, dont LL. AA. RR. m'ont témoigné leur satisfaction (*ci-dessus* n°. IX); et sur laquelle une discrétion respectueuse, dont vous verrez, Messieurs, le feu Roi me savoir gré, m'a ordonné et m'ordonne encore de garder le silence.

Cet acte, sous seing-privé, du 20 septembre 1792, a été authentiqué le jour même de sa date, par une Ordonnance du Juge suprême du pays de Liége, et scellé de son grand sceau. Il a opéré, à l'instant même, la main-levée des saisies-arrêts, par lesquels cette partie du matériel de l'armée se trouvait sous la main de justice.

Dans mon obligation il était stipulé que « le paie-
» ment, tant en intérêts qu'en principal, ne pour-
» rait être exigé qu'après la rentrée des Princes en
» France ; que ces intérêts seraient à demi pour
» cent par mois ; et qu'en tous cas, lors de l'é-
» chéance , je ne pourrais être forcé au paiement
» qu'après avoir notifié la demande à LL. AA. RR.
» et les avoir appelées en garantie. »

La restauration ayant , en 1814 , ramené et assis
les Princes sur le trône de France , et rendu mon
obligation exigible , les héritiers de celui au profit
de qui elle avait été souscrite , se sont réunis pour
en réclamer le paiement. De Munster et de Hambourg, ils se sont adressés à divers personnages de la
Cour , à qui leur père avait été utile dans l'émigration ; mais n'en ayant reçu que des réponses
évasives , ils se sont retournés vers moi, comme
caution solidaire de leurs augustes débiteurs.

De mon côté, je me suis présenté devant la
commission de liquidation des dettes de LL. MM.,
créée en exécution de la loi du 21 décembre 1814;
mais la retenue respectueuse, dont j'ai déjà fait
mention, et dans laquelle j'ai cru devoir renfermer
ma demande, ne m'ayant pas permis de faire con-
náître les causes de mon obligation, que je n'ai
pas pu représenter à la commission , puisqu'elle
était entre les mains des héritiers, qui ne pouvaient
pas se dessaisir de leur titre sans en être payés, ma
réclamation n'a pas pu être admise.

Le 7 octobre 1816, ces héritiers m'ont traduit devant le tribunal impérial et royal des Nobles de la Basse-Autriche, où une instance a été suivie.

Par divers exploits des 27 juin et 3 juillet 1817, et 17 avril 1818, les demandes des héritiers ont été humblement et respectueusement dénoncées, à ma requête, à feu S. M. Louis XVIII et à S. A. R. Monsieur, aujourd'hui S. M. Charles X, dans les formes de la loi, avec respectueuses instances d'intervenir dans le procès, et d'y prendre mon fait et cause.

M. le Comte de Pradel, alors directeur de la Maison du Roi, et M. le Duc de Richelieu, qui en avait le portefeuille, promirent d'intervenir, et n'intervinrent pas. Je restai seul en but aux poursuites des porteurs de mon obligation; et le 19 juin 1818 le tribunal a rendu sa sentence, exécutoire en quatorze jours, laquelle, par les motifs y annexés, m'a condamné, comme caution des Princes français, à payer pour eux aux héritiers de leur créancier, 160,000 liv. tournois de principal, avec les intérêts à demi pour cent par mois, à compter du 20 septembre 1792; ce qui, sans compter les frais, a fait une somme de 409,093 fr. que j'ai payés, le 4 septembre suivant, et qui m'ont coûté 28,000 fr. de rentes, vendues au cours de 73 !

A la production de la sentence, de l'obligation, et de la quittance au ministère de la Maison du Roi,

S. M. a reconnu sa dette, par décision du 13 mars 1819, qui m'a été annoncée le 21 du même mois....

Dès son entrée au ministère, M. le Marquis de Lauriston reçut l'ordre du Roi de traiter *directement lui-même et sans intermédiaire*, mon affaire avec moi; il m'écrivit en conséquence, le 23 de mai 1821 : « ...... L'épuisement du crédit qui a été
» ouvert par la loi du 21 décembre 1814, a pu *seul*
» retarder la liquidation qui vous concerne, et vous
» place dans la nécessité d'attendre qu'il soit ac-
» cordé, de la même manière, un fonds supplé-
» mentaire.

» Toutefois le Roi, touché de la situation dans
» laquelle vous vous trouvez, et prenant en consi-
» dération le dévouement que vous avez constam-
» ment montré pour son service, a bien voulu
» venir à votre secours, en vous faisant payer,
» *à titre d'avance*, par le trésor de la Couronne,
» une somme de 50,000 fr., dont S. M. entend
» que vous teniez compte à ce trésor sur la liquida-
» tion définitive qui serait faite ultérieurement à
» votre profit, si, *comme il y a lieu de l'espérer*,
» un supplément est accordé au crédit ouvert en
» 1814...... Si, *contre mon attente*, il n'était pas
» fait un fonds supplémentaire, l'année prochaine,
» je ferai tout ce qui dépendra de moi pour vous
» obtenir du Roi un nouveau secours. »

Par autre lettre du 1er. juin suivant, ce même ministre m'écrivait :

« Le Roi connaissant votre dévouement à sa
» personne, et les malheurs que vous avez éprou-
» vés, vient de vous accorder une pension de
» 12,000 fr., etc. » (Les malheurs auxquels M. le
Marquis de Lauriston fait ici allusion, sont les
deux prisons que j'ai endurées en 1804, et de 1812
à 1813, dont j'ai fait mention ci-dessus ; et la perte
d'environ 300,000 fr. que j'ai éprouvée dans la
dernière.)

Je demandai et j'obtins une audience particulière du Roi, pour le remercier de ces marques
généreuses de ses souvenirs et de sa bienveillance.
S. M. daigna m'accueillir avec des bontés toutes
particulières, et me dit ces propres paroles, qu'après
l'audience je me suis empressé de recueillir reli-
gieusement :

« Je vous sais gré de votre discrétion sur une
» affaire qui doit rester secrète.... Ma liste civile
» est surchargée, autrement je vous aurais fait rem-
» bourser entièrement. Mais je ne m'en tiendrai
» pas à cette avance de 50,000 fr.; elle vous sera
» répétée jusqu'à ce qu'on fasse des fonds supplé-
» mentaires... Je veux aussi doubler votre pen-
» sion, dès que je le pourrai... et je n'en serai pas
» moins en reste avec vous. Vos sentimens me sont
» connus....; et il est des dettes telles que les rois
» même ne peuvent pas les payer. »

En prononçant ces dernières paroles, le Roi me voyant attendri, daigna me tendre la main, et me permit d'y imprimer les lèvres de la reconnais-sance.

Le paiement annuel de 5o,ooo fr., ainsi réglé, *à titre d'avance*, par la bouche du Roi, a eu lieu pendant les trois années qui ont précédé la mort dé Sa Majesté. — Il se trouve interrompu depuis l'avénement de Charles X, co-débiteur avec le feu Roi !

M. le duc de Doudeauville, s'excusant d'abord de me continuer ces paiemens, sur ce que le Roi n'avait encore pu prendre aucune résolution « sur » ces dettes de l'hospitalité qu'il était dans son cœur. » royal d'acquitter, » m'engagea à voir le Roi ; et dans une audience particulière du 29 décembre 1824, Sa Majesté me dit :

« Soyez sûr que je mettrai dans l'examen de vos » affaires le même intérêt que vous avez mis aux » nôtres.... Soyez sûr que je serai bien aise de » vous donner des marques de mes souvenirs.... » Voyez le Comte de Villèle et le Duc de Doudeau- » ville.... Voyez-les de ma part. Accordez-les : » vous nous rendrez service à tous.... et ce ne » sera pas pour la première fois.... »

J'ai donc vu ces deux Ministres de la part du Roi ; et le résultat de ma négociation a été ce qui suit. Dans une audience du 5 février 1825, M. le Comte de Villèle me dit :

« Que M. le Ministre de la Maison du Roi me
» donne les états de l'emploi des trente millions vo-
» tés en 1814, et les états de ce qui reste à payer
» des dettes du Roi chez l'étranger ; mais des états
» appuyés de pièces. Alors je monterai à la tribune
» pour y faire la demande des fonds supplémen-
» mentaires nécessaires à l'entier acquit de ces
» dettes. »

En conséquence, M. le Ministre de la Maison
du Roi a formé une Commission de M. le marquis
de St.-Géry, de M. Paul de Châteaudouble, honorables membres de la Chambre, et de M. de
St.-Paul, chargés de faire les états. Ma créance a
été soumise une des premières à leur examen, et sa
reconnaissance a été confirmée en ces termes :

« La créance de M. le Comte de Pfaffenhoffen
» est incontestable. Les principes de l'honneur et
» de la reconnaissance en ordonnent le rembourse-
» ment. »

La Commission de révision a terminé son tra-
vail, et les états de l'emploi des trente millions votés en 1814, et les états du reste des dettes à payer,
et qui appelaient un supplément de crédit, ont été
remis à M. le Ministre des finances vers l'été 1825,
tels qu'il les avait demandés ; depuis lors je n'ai
cessé de réclamer la proposition de loi que Son
Excellence m'avait promis de faire à l'honorable
Chambre, et qu'elle continuait de promettre à d'autres solliciteurs, aux membres de la Commission

et à son collègue, M. le Ministre de la Maison du Roi.

J'ai vingt lettres de ce dernier qui m'en assurent. Je citerai celle du 24 janvier 1826 :

« . . .. Ainsi que je vous l'ai fait connaître l'an-
» née dernière, je n'ai rien négligé pour obtenir
» les moyens d'achever la liquidation des dettes
» contractées en pays étranger par le Roi et les
» Princes de la famille royale. C'est un des objets
» de mon administration dont je m'occupe avec
» plus de soin. Soyez bien persuadé de l'attention
» que je mettrai à ce que vous n'éprouviez aucun
» retard dans vos demandes, *aussitôt que le gou-*
» *vernement du Roi aura alloué, par une dispo-*
» *sition législative, les fonds nécessaires pour ac-*
» *quitter des dettes qui*, comme vous ne l'ignorez
» pas, ne concernent point la liste civile, et *sont*
» *entièrement à la charge de l'État.* »

Je citerai encore celle que Son Excellence m'é-crivit le 20 février.

« .... *On* (*M. le comte de Villèle*) m'a assuré
» encore hier qu'*On* s'occupait activement des
» moyens de payer *des dettes sacrées pour tous les*
» *bons Français. On* a ajouté que très incessam-
» ment ces moyens seraient proposés aux Cham-
» bres. Je vous engage donc, ainsi que les autres
» créanciers, à attendre patiemment le résultat de
» ces promesses, etc. »

Dans une audience du 25 du même mois, M. le

Comte de Villèle m'a confirmé ce que M. le Duc de Doudeauville m'avait écrit; il me dit de plus :

« Qu'on s'occupait dans ses bureaux des états
» de ce qui pouvait revenir au Roi, en vertu de la
» loi d'indemnité; et qu'aussitôt que ces états se-
» raient achevés, il demanderait que le montant
» en soit appliqué au paiement du reste des dettes
» du Roi à l'étranger; par où la somme des fonds
» supplémentaires à y ajouter serait plus légère. »

Et Son Excellence m'autorisa formellement à
faire savoir aux autres créanciers du Roi « qu'une
» loi serait proposée incessamment pour une appli-
» cation de fonds à leurs paiemens. »

Le 12 de mars suivant, M. le Duc de Doudeauville m'écrivit encore de sa main :

« . . . . Je m'empresse de vous dire que je m'oc-
» cupe constamment des affaires que vous me re-
» commandez. J'en ai encore parlé ces jours-ci.
» La réponse (*de M. le comte de Villèle*) a été
» très-favorable, et j'espère qu'incessamment vous
» en aurez la preuve. »

Tant d'espérances, tant d'assurances se sont éva-
nouies !

M. le Ministre des finances avait cependant fait
un projet de loi : il l'a porté au Conseil du Roi.
J'ignore ce qui a eu lieu à ce sujet, en présence de
Sa Majesté; mais j'ai appris qu'après qu'Elle se fut
retirée, le Conseil des Ministres, resté sous la pré-

sidence de son chef, a décidé que la loi ne serait pas proposée.... Et peu de jours après j'ai reçu de M. le Duc de Doudeauville la lettre suivante , datée du 6 avril :

« .... Je me suis occupé avec le plus grand » soin des dettes du Roi ; mais il a été décidé » qu'elles devenaient dettes de l'État, et qu'elles » étaient dans les attributions de M. le Comte de » Villèle ; il m'est donc interdit de m'en mê- » ler, etc. »

Le 10 du même mois, j'ai remis ma demande à M. l'Ambassadeur d'Autriche, qui l'a accompa- gnée d'une note officielle, adressée le lendemain à M. le Ministre des finances.

M. le Comte de Villèle a fait examiner mon affaire dans son cabinet ; il s'est donné la peine de l'examiner lui-même ; il en a conféré plusieurs fois avec moi. Le 9 de juin, il en a fait son rapport au Roi ; et le lendemain, 10 juin, seule avec moi dans son cabinet, Son Excellence tenant elle-même la plume, a réglé et liquidé ma créance à 470,997 fr. 64 cent., à dater du 20 du même mois (huit ans juste après le jugement qui m'a condamné à payer la dette de LL. MM.); et Son Excellence me pro- posa « de me payer cette somme dans les termes » déjà réglés par feu S. M. Louis XVIII, savoir : » cinquante mille francs par an, portant intérêts » jusqu'au parfait remboursement, et dont les deux » années arriérées depuis l'avènement de Charles X,

» me seraient payées comptant ; qu'en outre ma
» pension me serait conservée ma vie durant. »

J'acceptai cette proposition, et je priai M. le
Comte de Villèle de vouloir bien mettre ma reconnaissance aux pieds du Roi, ce qu'il me pro-
mit de faire le surlendemain, en m'ajoutant que les
expéditions de cet arrangement me seraient re-
mises dans la semaine.

Je ne revis M. le Comte de Villèle que le 23, où
il me dit :

« J'ai de mauvaises nouvelles à vous apprendre.
» La somme qui vous est due est *trop minime* pour
» que je puisse en faire une proposition de loi. D'a-
» près sa nature, qui la rend *à nulle autre pareille*,
» je voulais, en la réglant avec vous, la faire payer
» par la liste civile, à qui 50,000 fr. par an, selon
» les termes réglés par le feu Roi, ne pouvaient pas
» être onéreux. Mais M. le Duc de Doudeauville s'y
» est refusé, parce que cet arrangement ferait récla-
» mer de pareils arrangemens par d'autres créan-
» ciers, auxquels il ne pourrait pas suffire. Quant à
» moi, je n'ai pas de fonds sur lesquels je puisse
» vous faire payer. Faites régulariser vos titres,
» pour ma responsabilité, et je vous ferai payer. »

M. le Comte de Villèle ne voulut pas s'expliquer
davantage sur le mode de régularisation qu'il me
demandait. Je consultai mes avocats, qui, étonnés,
plus qu'étonnés d'une régularisation qui ne pouvait

être que judiciaire, et qui ferait connaître la nature de ma créance, *à nulle autre pareille*, sur laquelle le feu Roi avait daigné me savoir gré de ma discrétion, me renvoyèrent au Ministre, pour savoir plus positivement ce qu'il entendait par régularisation : si c'était bien un procès, dont le jugement, après débats et plaidoiries, ordonnerait mon paiement. Son Excellence me répondit, *au crayon*, sur ma lettre même, le 6 de juillet, ce qui suit :

« Le Ministre ne veut rien. Si M. le Comte de
» Pfaffenhoffen présente au ministère ses titres,
» établissant une créance sur l'État, admissible en
» liquidation, et susceptible d'être admise par la
» Cour des comptes, comme justificative d'un
» paiement légal et régulier, il sera payé. »

Sur cette réponse, mes conseils, considérant que suivant un principe fondamental du droit public de la France, récemment consacré par des arrêts célèbres, les domaines du Prince qui arrive à la couronne étant réunis de plein droit au domaine de l'État, les dettes du Prince, par une conséquence nécessaire de son avènement, deviennent dettes de l'État, et qu'ainsi je me trouvais créancier de l'État, comme la lettre de M. le Ministre de la Maison du Roi, du 6 avril, m'avait annoncé qu'il avait été décidé au Conseil du Roi; mes conseils, dis-je, furent d'avis que pour régulariser ma créance, je devais, conformément à la loi du 5 novembre 1790, et à l'article 69 du Code de procédure civile, me pourvoir par requête à M. le Préfet de la Seine, que la loi a rendu compétent et *seul compétent* pour statuer en première instance sur ces sortes de demandes, s'il les trouve admissibles et justes, ou pour y défendre devant les tribunaux, s'il ne les trouve pas admissibles et trouve à y défendre.

Dans ma requête, présentée à M. le Préfet de la Seine le 12 juillet dernier, j'ai conservé, en m'en référant aux pièces, la même discrétion dont le feu Roi avait daigné me savoir gré.

Vers la mi-octobre, j'ai appris que M. le Préfet de la Seine avait rendu, le 10, un arrêté qui régularisait ma créance, et me reconnaissait créancier de l'État ; et que le 12, cet arrêté avait été soumis à l'approbation de M. le Ministre des finances.

Cependant, le 28, j'ai reçu de M. le Préfet la lettre suivante, datée du 22 :

« .... Je suis tout-à-fait incompétent pour sta-
» tuer sur votre demande. La loi du 21 décem-
» bre 1814 a réglé les formes suivant lesquelles
» ces sortes de réclamations doivent être présen-
» tées; et je ne puis que vous renvoyer à vous
» pourvoir, en conséquence, ainsi que vous avi-
» serez. J'ajoute que la présente réponse est con-
» forme aux principes suivis par S. Exc. le Ministre
» des finances, et dont il m'a recommandé la
» stricte exécution, par une récente instruction du
» 18 de ce mois. »

Rappelez-vous, Messieurs, combien de fois le ministère de la Maison du Roi, sous ses différens chefs, m'a fait espérer, m'a promis qu'il serait fait des fonds supplémentaires au crédit ouvert par la loi du 21 décembre 1814, « dont l'épuisement » *seul* a pu retarder ma liquidation, et m'a placé » dans la nécessité d'attendre qu'il leur soit accordé » un supplément. »

Rappelez-vous que, par sa note au crayon, du 6 juillet, M. le Ministre des finances m'a demandé une régularisation légale et régulière, admissible par la Cour des comptes, d'une créance que le feu Roi a reconnue par décision du 13 mars 1819; que la Commission de révision, sous Charles X, « a déclarée incontestable, et dont elle a déclaré » que les principes de l'honneur et de la reconnais- » sance exigeaient le remboursement; » d'une créance que M. le Ministre des finances lui-même a reconnue *à nulle autre pareille*, et qu'il a réglée et liquidée avec moi, le 10 de juin.

Rappelez-vous qu'aux termes exprès des lois, M. le Préfet du département est *seul compétent* pour statuer et donner à mes titres la régularisation que M. le Ministre des finances leur a demandée.

M. le Préfet use de sa compétence, et dans sa justice il statue : il me reconnaît créancier de l'État, il régularise mes titres par un arrêté, qu'au ministère des finances j'apprends être du 10 d'octobre !...... et voilà qu'au lieu de recevoir cet

arrêté, ou une décision qui l'approuve, ou une
décision qui l'infirme, c'est une simple lettre que
je reçois, datée du 22 octobre, non du Ministre, mais de M. le Préfet, qui, en obéissance à
une instruction de M. le Ministre des finances, du
18, me tait l'arrêté qu'il a rendu dans sa compétence; me déclare qu'il est incompétent, « tout-
» à-fait incompétent; et me renvoie à me pour-
» voir devant une Commission » temporaire, ca-
duque depuis dix ans, et dont les opérations n'ont
point été soumises à la Cour des comptes, pour
laquelle M. le Ministre a voulu que ma créance fût
régularisée !..... devant une Commission qui,
existât-elle, ne serait pas dans les attributions du
Ministre des finances, mais dans celles du Ministère dont il a retiré à lui toutes les dettes de LL.
MM. !.... devant une Commission dont les fonds
qu'elle a eu à distribuer, insuffisans pour acquitter
toutes les dettes des Princes à l'étranger, étaient
épuisés deux ans avant que je devinsse créancier de
LL. MM !... devant une Commission créée par une
loi qui, en allouant 30 millions pour payer cer-
taines dettes des Princes à l'étranger, n'a pas
prétendu que ces 30 millions suffissent pour en payer
45, et n'a pas dérogé au droit commun ni aux lois
qui assurent aux créanciers des 15 millions qui
restent à payer, secours et protection contre leurs
augustes débiteurs.

Les 30 millions, Messieurs, réclament donc ; ils

attendent tous les jours un supplément que vous
avez vu les deux Ministres de la Maison du Roi
solliciter , me faire espérer , me promettre , d'année en année , depuis huit ans !..... Vous avez vu
M. le Ministre des finances le promettre à ses col-
lègues ; me le promettre à moi-même , quand le
Roi m'eut autorisé à lui en parler ! Vous l'avez vu
m'autoriser, à son tour, à annoncer de sa part aux
autres créanciers du Roi , « qu'une loi serait inces-
» samment proposée aux Chambres, pour une ap-
» plication de fonds à leur paiement. »

Tant que cette loi, qu'appellent l'honneur et la
dignité de la France et du trône , et j'ose ajouter
l'honneur et la conscience du Roi Très-Crétien, tant
que cette loi ne sera pas rendue ; le renvoi qui m'est
intimé à une commission qui n'existe plus , et à des
fonds absorbés depuis dix ans, ainsi que j'en suis
informé par lettre officielle de M. le Ministre de la
Maison du Roi, du 14 de ce mois ; ce renvoi n'est-il
pas une dérision, n'est-il pas un scandale, n'est-il
pas un déni de toute justice et de toute équité ?

On dit à tort (et la Commission de révision l'a
vérifié) ; on dit à tort qu'il y a eu dilapidation dans
la répartition des 3o millions. C'est, ajoute-t-on,
ce qui fait hésiter M. le Ministre des finances à faire
la proposition de loi qu'il a promise, et à laquelle il
craint des oppositions. Messieurs, je me réfère au
préambule de la loi du 21 décembre 1814, *« et aux*
» *sentimens d'amour et de dévouement que la*

» *Chambre partage avec toute la France* pour
» ses augustes chefs ; » et je ne puis partager les
craintes de M. le Ministre des finances. Il n'y a
point eu dilapidation dans l'emploi des 3o millions ;
mais divertissement, en objets pieux et sacrés,
sans doute, mais qui n'étaient pas au nombre *des*
dettes contractées en pays étranger, envers di-
vers particuliers, par le Roi Louis XVIII et les
Princes de sa Maison, auxquelles seules les 3o
millions étaient spécialement affectés, aux termes
de la loi du 21 décembre 1814 : tels sont les paiemens faits d'une dette de l'Auguste Martyr à la fille
de M. Necker ; d'une autre au baron de Batz ; d'une
troisième aux héritiers d'Arlincourt, etc. ; tels sont
encore les trois millions payés au Roi de Prusse,
qui n'est pas un *particulier*, et qui par conséquent
n'avait aucun droit à être payé sur les 3o millions.
Serait-ce donc sur ces 5 à 6 millions, ainsi divertis
des 3o, que M. le Ministre des finances voudrait nous
donner droit et nous renvoyer, par ses instructions à
M. le Préfet, du 18 octobre dernier ? Mais est-ce à
nous à les faire restituer ? à qui nous en prendre, et
comment y parvenir ? quand M. le Ministre de la
Maison du Roi m'écrit : « Qu'il ne peut aujour-
» d'hui (14 novembre) ni m'inviter à saisir de
» mes réclamations une Commission considérée
» comme n'existant plus, ni réunir les membres
» qui la composaient. »
Cependant, Messieurs, mes besoins, mes mal-

heurs, sont à leur comble, au moment où j'atteins la soixante-quatorzième année de mon âge; où les charges de ma famille, de qui je suis le chef et le soutien, pèsent davantage sur moi. Trois cent mille francs qui m'ont été enlevés lors de mon dernier emprisonnement (les cartons de la police en font foi) ; vingt-huit mille francs de rentes qui me manquent, depuis huit ans qu'elles ont été vendues pour payer une des dettes les plus saintes de vos Rois ; les frais de huit voyages de Vienne à Paris, c'est-à-dire 5,600 lieues, et quarante-cinq mois de différens séjours dans cette capitale, pour y réclamer un remboursement réglé par le Roi lui-même, et qui m'était promis d'année en année.... Ces devoirs, ces catastrophes, ces pertes, ces frais réunis, m'ont obligé d'emprunter. Les termes de mes emprunts sont échus depuis le mois de mai dernier. J'avais obtenu un répit qui vient d'échoir. Ma ferme patrimoniale, aux portes de Vienne, la seule ressource de ma vieillesse et de ma famille, va être vendue !

Messieurs, dans mes profondes détresses, informé, par la lettre de M. le Ministre de la Maison du Roi, du 27 avril 1825, relatée ci-dessus, « du » peu de moyens qu'a le Roi de payer le reste de » ses dettes à l'étranger, *sacrées pour tous les bons* » *Français* (20 février); »

Assuré, par la même lettre du 27 avril, « que » loin de s'opposer à ce que les créanciers croiront

» pouvoir faire pour surmonter les obstacles qui
» ont empêché jusqu'à présent le succès de leurs
» réclamations, Son Excellence les secondera, et
» *qu'il est dans le cœur du Roi de les accueillir !* »

Je viens vous prier avec instance, Messieurs, de
considérer l'état de dettes incompatible avec la
gloire du Roi; de consulter la dignité de la France,
et de venir à-la-fois au secours de Sa Majesté et de
ses malheureux créanciers, qui, de toutes parts, chez
l'étranger, vous tendent leurs mains suppliantes ;
ces mêmes mains qui ont été si empressées à secou-
rir vos Princes dans leurs adversités.

Je me flatte, j'espère, nous nous flattons, nous
espérons que, « fidèles aux mêmes sentimens d'a-
» mour et de dévouement, que vous partagez
» avec le reste des sujets du Roi, et que vous ne
» cessez de lui manifester; » et pénétrés de la même générosité nationale qui a dicté la loi du 21 décembre 1814, d'où j'emprunte ces paroles, et à laquelle M. le Ministre des finances ne peut pas nous
référer en vain , vous voudrez bien, Messieurs,
DANS LES FORMES RÉGLÉES PAR L'ARTICLE XIX DE LA
CHARTE, *témoigner le désir* de voter un fonds supplémentaire, pour acquitter une dette reconnue
par décision formelle du feu Roi Louis XVIII,
du 13 mars 1819, et par des à-comptes régulière-
ment payés jusqu'à sa mort; et depuis réglée et liquidée par M. le Ministre des finances, le 10 de
juin dernier, au nom de S. M. Charles X; pour

acquitter, dis-je, le reste des dettes saintes et sacrées de l'hospitalité, que vos augustes Princes ont
contractées chez l'étranger... où seront bénis le
Roi, la France, et ses dignes et honorables Représentans.

Paris, le 22 Novembre 1826.

LE COMTE DE PFAFFENHOFFEN,

Ancien Tréfoncier de Liége,
ex-Administrateur-Prince postulé
de Stavelot et Malmédy.